느 아버지 부탁혀

느 아버지 부탁혀

이희숙 시집

인간과문학사

들어가며

용이 돼지헌티 시집왔당게

옛날 옛적
열아홉 살 용이
스물네 살 돼지헌티
시집왔당게

용
내 이름은 박성규고
나이는 아흔네 살 할미여

내 이야기를 쭉 써내려간 이는
우리 막내딸여

막내딸이
몰래
내 맘속으로
들어와 버렸당게

차례

들어가며 ◦ 05

1부 | 뭣이 뭣인지도 몰랐당게

열아홉에 시집왔어 ◦ 12
눈물 ◦ 13
철없던 신랑 ◦ 14
겁쟁이 신랑 ◦ 16
첫애기 ◦ 18
강도 만난 시아주버님 ◦ 20
친정 올케 ◦ 22
옴 ◦ 23
성님 환갑 ◦ 25
축구왕, 씨름왕 ◦ 26

2부 | 이것이 인생여

애기가 된 신랑 ◦ 30
우리 큰아들 ◦ 31
고추랑, 가지랑 ◦ 32
손톱 발톱 ◦ 33

시암 ◦ *34*
아들 자가용 ◦ *36*
궁둥이 방석 ◦ *37*
비 오면 어쩌지 ◦ *39*
추억 ◦ *40*
끝까지 혀야지 ◦ *42*
말주머니 귀신 ◦ *44*
이쁜 교회 ◦ *45*
똥주머니 ◦ *47*
술 취헌 날씨 ◦ *49*
기다림 ◦ *50*
유산 ◦ *51*
건축 ◦ *52*
어매 ◦ *54*
외로움 ◦ *56*
네 살 때 떠난 아가 ◦ *58*

말 걸고 싶어 ◦ 59

강아지 옷 ◦ 61

채송화 ◦ 62

산과 삶 ◦ 64

이뻐 ◦ 66

용서 ◦ 68

귀신여 ◦ 69

멍 ◦ 70

고구마전 ◦ 72

부뚜막 ◦ 74

달챙이 숟가락 ◦ 76

생일날 ◦ 77

쓰리고 ◦ 78

다 알지 ◦ 80

파 ◦ 82

고춧대 ◦ 84

부끄럼 타는 영감 ◦ *85*

낙엽 같은 인생 ◦ *86*

3부 | 알 것 같으니 이별이더라고

할망구 ◦ *90*

꿈 ◦ *92*

오줌 쌌어 ◦ *94*

천당 ◦ *95*

나 길 떠나면 ◦ *97*

집이 좋아 ◦ *99*

떠날 채비 ◦ *101*

어머니가 수상혀 ◦ *103*

또 쌌어 ◦ *105*

그냥 ◦ *106*

꼭이요, 꼭 ◦ *107*

정 ◦ *108*

다리 좀 봐 ○ *110*
천만 원짜리 이마 ○ *112*
갈 곳 ○ *113*

4부 | 느 아버지 부탁혀

영감이 애달어 ○ *116*
가야 혀 ○ *117*
느 아버지 부탁혀 ○ *119*
눈물이 고드름 되고 ○ *120*
영감도 울고 나도 울고 ○ *122*
홀로 남겨진다는 것 ○ *124*
재미지게 살어 ○ *126*
폭포 같은 물 한 방울 ○ *127*
막내의 마지막 쪽잠 ○ *129*
끝 숨 ○ *130*
껍딱 ○ *132*
분칠 ○ *133*

제1부

뭣이 뭣인지도 몰랐당게

열아홉에 시집왔어

근게 나를 중매헌 사람은
저 아래 방죽 옆, 마산댁이여
마산댁이 친정집을 왔다갔다험서
욕심을 낸 것이지

우리 신랑이
마산으로만 장가간다고 떼를 썼다네
인연이 될라고 그렸지

우리는 서로 얼굴도 모르고
시집 장가 왔당게
근디 운이 좋았어
아따, 우리 신랑이 키도 크고 인물이 훤허더라고

근디, 나는 거울 보면 좀 서운혔지
그려도 신랑이 한 번도 인물 타령을 안혀서
이쁜 것도 같고
안 이쁜 것도 같고그려

눈물

6·25 전쟁 터지자
영감이 면서기라고
자꾸 밤중에 잡어가
나중에는 숨어 댕겼당게
그때 생각허면 지금도 무서

무섭던 홀어머니
무섭던 홀성님
무섭던 신랑 밑에서
내가 쏟은 눈물이
우리 장독대에 있는 단지들
다 채우고도 모자랄 것이여

철없던 신랑

시집온 게 위로 성님이 한 분 계셨어
성님 이야기 들은게
아따, 우리 신랑 못쓰것더라고

시동생 핵교 밥 먹여 보낼라고
솥뚜껑을 열어 본 게
오매, 밥이 죽이 되었더래
성님도 열댓 살 먹어 시집왔으니
뭔 밥을 잘했겄어

부엌 구석탱이서 오그리고 앉아 있는디
"밥상 내거라!"
시어머니 소리에
후딱 방에 들어가 보니
밥에다 물을 넘실넘실허게
부어 놓았더래

성님도 성님이지만
내 시집살이가
어찌헸겄어

겁쟁이 신랑

살림 하나는 꼼꼼허게 잘헌 신랑
쌀독에 쌀 한번 떨어진 적이 없었고
바로 면서기라고 혀서 참 든든했지

근디, 오매
큰소리는 호랭이 물어가게 침서도
겁이 많었던 신랑
전쟁이 벌어진게
후딱 도망와 버렸더랑게

겁쟁이 그런 겁쟁이가 또 있으까
논으서 일허다
비행기가 쌩허고 지나가면 없어져 버려
고개를 들고 둘레둘레 찾어보면
논고랑에서 흙투성이가 되어
어기적어기적 일어나는 신랑

웃음도 나고
참말로
엎어져서
못 본 척허느라
힘들었당게

첫애기

첫딸을 임신혔을 때
얼매나 서숙밥이 먹고 싶던지
생각만 혀도 침이 줄줄 흘렀어

둘째 임신으로 배가 많이 불렀던 성님
하루는 동네 마실을 댕겨오더니
쪼르르 내 앞에 앉더라고
"오늘 홍만이네 집엘 갔더니 서숙밥을 주더라고. 어찌나 맛있던지 '마파람에 게 눈 감추듯' 먹고 왔네."
꼴까닥 꼴까닥 침만 삼키는디 또 그러는 거여
"나오려는디 찰밥도 한줌 줘서 오다 다 먹어 치웠당게."
시상에… 함께 배불렀으면
한 숟가락이라도 손에 쥐어 올 것이지

허긴, 성님도 부잣집 일혀 주고
서숙밥 얻어먹고 왔을 것이여

배고픈 시절에 불렀던 노래가 생각나
'순이네 집 갔더니 서숙밥을 먹더래, 나 좀 달랑게 안 주어. 우리 집만 왔다 봐. 앵두 복상 안 주어.'

강도 만난 시아주버님

어둠이 짙게 깔린 저녁
장에 갔다 오신 시아주버님
온몸을 덜덜덜 떨더라고

부랴부랴 산등성이를 오르는디
건장헌 사내들이 떼거지로 달려들어
산속으로 끌고 가더래

가진 것 죄다 뺏기고
겁나게 두들겨 맞은 거여

밤낮 식은땀 흘리고
깜짝깜짝 놀래더니
그 길로 세상을 등져 버렸지

병아리 같던 오 남매 자식새끼 두고
어떻게 눈을 감았으까

그때 생각허면 참말로 가슴이 미어져

어머니와 형수, 조카 다섯
우리 새끼도 그때 넷이나 있었은게
우리 신랑 참말로 겁도 안 났을 것이여
신랑 나이가 스무댓 살이나 되었든가…

친정 올케

친정 올케가 우리 옴마헌티 그랬디야
"어머니, 어머니께서 훌륭허시어서 아들도 훌륭허고,
딸도 훌륭허니 나는 참말로 좋습니다."
거기까지만 혔으면 좋으련만

"아기씨는 참을성도 많고 영리혀서 아무데나 시집가
도 잘 살 것이고만요. 아무리 거시기헌 집으로 시집가도
훌륭허게 가정 이끌 것이어요."

말이 씨가 된 것인가
진짜, 거시기헌 집으로 시집와서
겁나게 고생허고 살었당게

올케헌티 말혔더니
기억이 안 난다고
귀때기가 떨어지게
고개를 쌀쌀 내두르더라고

옴

시집온 지 얼마 안 되어 젖에 옴이 걸렸어
'어머니, 젖이 아퍼요.' 소리도 못 허고
어린 신랑은 아무것도 모르고

"아니 이렇게 될 때까지 식구들이 뭐헌 거요!"
호통치는 아랫마을 의원님
새신랑 머쓱허게 서 있고
고개를 못 들던 시어머니

의원님 떠나고
호랭이 같던 시어머님이
내 곁에 앉는 거여
'나는 죽었다.' 허고 눈을 딱 감었어
"얼매나 아펐냐? 걱정 말고 뭐든지 잘 챙겨 먹그라. 당분간 일도 말고."

따뜻헌 시어머니 말씀에

뒷간 가서 울고
부엌 가서 울고
참았던 눈물이 쏟아지는디
여름 장맛비 내리듯 허드랑게

성님 환갑

성님이랑 한동안 함께 살다
집 얻어 분가했던 나랑 신랑

함께 살며 생긴 미운 정은
하나도 생각 안 나고
그저 불쌍했던 성님

세월이 흘러, 환갑이 돌아왔어
손수 한 땀 한 땀 바느질혀서
꽃 달린 이불 드렸더니
그렇게 좋아허시던 성님

혼자 덮고 자는 꽃 이불 속에서
퍽 많이 울었을 성님
서른 즘에 혼자되어
육십까지 사는 동안
얼매나 가슴이 저렸으까

축구왕, 씨름왕

우리나라가 해방된 8·15 광복절
해마다 그날이 오면
온 동네는 물론이고 면이 들썩였지
동네별로 씨름 대회 허고 공차기허던 날이여

동네 대표 선수로 뽑혀 나간 신랑
축구공 차는 것은 장땡이고 씨름을 혀 봐
그날 오후, 집으로 끌고 오던 새끼 소 한 마리
하하, 지금 생각허면 굉장했어

얼굴도 잘생겼지
뽀대도 좋지
공도 잘 차지
씨름도 잘허지
허이구, 세상에서 최고였던 신랑

근디, 뭐라 말은 못혀도

집이서는 빵점이여
에휴, 그러면 어쩌고 저러면 어쩌
세월 이기는 장사 없다고 혔지
시상에, 지금은……

제2부

이것이 인생여

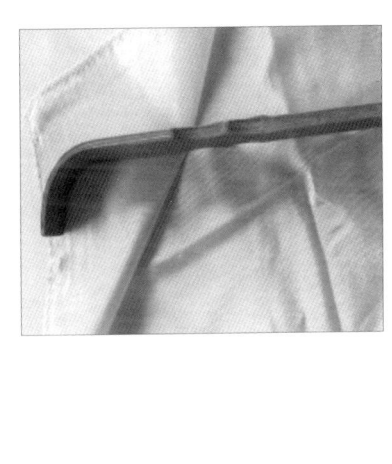

애기가 된 신랑

뜬구름 같은 인생살이
소 끌고 오던 신랑이
지금은 애기가 되었어

기저귀 차고
누운 지
칠 년째

흙에서 와서
흙으로 가려고
진즉 자리 잡은 것이지

아흔세 살까지 타던
자전거 타이어
주저앉은 지 오래당게

우리 큰아들

한 달에 한 보름 있다
서울 집으로 가는
우리 큰아들

김치도 잘 담그고
설거지도 잘허는
우리 큰아들

공부 안 헌다고
영감헌티 혼나서
칠십이 넘은 지금도
내 옆만 빙빙 도는
우리 큰아들

냄새나는 부모 곁에 와서
열댓 밤이나 자고 가는 것은
야뿐이랑게

고추랑, 가지랑

내가 작년만 혀도
도랑타 줄줄이 씨앗 심고
비니루 덮고 혔여

평상에 앉어 텃밭을 쳐다보면
군인들이 줄 선 듯 반듯혔당게
참말이당게

근디, 올해는 어림도 없어
다리가 떨려 서 있을 수가 없어

고추랑, 가지랑, 토마토도 심을라면
서울 간 큰아들이 후딱 와야 쓰는디
하도 문밖을 쳐다봐서 대문짝 닳어지겄네

손톱 발톱

하루가 멀다 허고
깎아내던 영감 수염
차르르 차르르
수염 깎는 소리에
장단도 맞췄는디
지금은
너무 빨리 자라 미운 수염

발톱은 호랭이 발톱같이 두껍고
단단헌 게 돌덩어리 같혀
손가락 열 개, 발가락 열 개
스무 가락 깎아 놓은 손톱 발톱
밭에 거름 줘도 쓰겄어

즈 아버지
손톱 발톱 담당허는 작은아들
며칠 동안 통 연락이 없네
일이 힘든가?

시암

수도꼭지 고치는 아들 본게
신식 김치냉장고
시암물이 생각 나

빨간 플라스틱 김치통
시암물에 닿을 똥 말 똥
긴 줄 내려놓으면 끝이랑게

김치통 뚜껑 열면 '펑!'
하얀 냉기가 피어 올라옴서
코를 찌르던 김치 냄새
하하, 침 나오네

등목헐 때 '어푸, 어푸!'
숨도 못 쉬던
허접쟁이 새신랑

도르래에 매달린 두레박

줄에 매달린 김치통

그물에 매달린 수박

시암 속 쳐다보면

배가 불렀당게

아들 자가용

우리 아들 자가용은 번쩍번쩍
틈만 나면 호스로 수돗물을 쏘아 댄당게
차 뚜껑을 열 때 보면
검은 지름칠이 번드르르혀

영감은 누워서도 총기가 비상혀
"수도세 감당을 어떻게 헐라고, 쯧쯧."
"아, 지가 허지 누가 혀요!"
쐐기같이 톡 쏘아 버리는 나

어디서 데꼬온 자식도 아닌디
우리 큰아들 어렸을 때부터
감싸느라 정신없었던 나

엄허기만 헌 아버지 밑에서
행여
기죽을까 그렸어

궁둥이 방석

궁둥이 방석을 차고 앉어
아들이랑 고추 모종, 들깨 모종을 혔어

아들이 도랑을 만들어 비닐을 덮으면
나는 두 손가락을 꼿꼿이 세워
비닐에 구멍을 내지

왼손은 씨앗을 한 움큼 쥐고
오른손으로 씨앗을 콕 집어
구멍에 넣으면 되어

들깨 모종은
흙으로 살살 덮어주면 끝이여
고추 모종은
흙을 더 꾹꾹 눌러주면 되고

한 도랑 끝나야 일어나는디

반 도랑째 자빠질 뻔했어

그려도
영감 옆에 있는 것보다
밭에 있을 때가 최고로 좋아

비 오면 어쩌지

택배 아자씨가
토방에 두고 간
기저귀 상자

아들은
서울 가서 없고
요양사는 가버렸고

내일 아침에
사람이 와야
방에 넣을 턴디

비 안 올랑가?

추억

직장 생활허는 막내딸
나랑 영감이 몇 년 손주들을 키웠어
내 손으로 키운 것들이라
눈만 감으면 삼삼허니 보고자프당게

어쩌다 고것들이 서울서 오면
해보가 되는 영감
할아버지 옆에 누운 손녀, 손자는
앞다퉈 조랑대느라 말들이 꼬여

"운동회 때 할머니가 싸 오신 김밥, 점심도 되기 전에 동나 버렸잖아요. 그때 누나가 다 먹었어요. 하하하."
"할아버지, 읍내에 짜장집 진짜 맛있었는데 지금도 하나요?"
지난 추억 속에서 나오들 못 혀

서울 기차는

참말로 빠르다는디
후딱 올라타야 쓴디는디
'야들아, 정신 똑바로 채리고 댕기거라.'

끝까지 혀야지

몇 년 안 남은 직장
자꾸 그만둔다고 허는 것 보면
막내가 많이 힘든가 벼

핵교서 아이들 가르칠라
자식들 돌보랴
친정 부모에
아이고, 시부모도 계셔

몸뚱이는 하난디
이리 갔다 저리 갔다
얼매나 힘들겄어

우리 늙은이 세대는
몸뚱이로 일을 혔어
자식도 기성회비만 주면 끝이고

지금은 세상이 뒤집어져서
머리 쓰는 일이 많당게
그려도, 아무리 그려도
사람이 시작을 혔으면
끝까지 혀야지

말주머니 귀신

즈 아버지 꼭 닮은 큰아들
자발자발 말이 읎서 깝깝허당게

근디 막걸리에 말주머니귀신이 붙었나
한 잔 마시면 속 얘기가 줄줄이사탕여

영락없이 책가방 던져놓고 달려와
재잘거리던 국민핵교 때 모습이랑게
"엄마, 엄마 제 말 좀 들어봐요. 제 짝꿍이 하도 놀려서 주먹 한 번 휘둘렀어요."
"엉? 주먹을? 니가?"

맞고 댕기는 것 같혀 조바심이 났었는디
때렸다는 것이여
하하!
친구를 때리면 못 쓴다고 가르쳐 놓고
마음이 놓였던 것은 뭔 심보였으까

이쁜 교회

마을에 이쁜 교회가 있어
마을 사람들이 거짐 다 이 교회에 나가
왜 그러냐면 정 많은 목사님 보러 간당게
하느님은 안 보여도 우리 목사님은 보여

일요일이면
동것댁, 만수리댁, 끝동이, 은니 어매
발통 달린 구르마 끌고 줄 서 가
요새는 내가 다리에 힘이 웂서
봉고차가 실러 오면 그것 타고 간당게
헌금도 삼천 원밖에 안 허는디

근디 목사님 설교만 허믄
동것댁, 만수리댁, 끝동이, 은니 어매
다 졸아, 나도 솔아
그려도 목사님은 한 번도 뭐라고 안 헌당게

"딸랑딸랑, 아멘!" 허면 눈이 번쩍 떠져버려

그때부터 부랴부랴 기도혀

"하느님! 제발 나랑, 영감이랑 깊이 잘 때 데려가시요이!

꼭 그러서야 혀요! 아멘!"

그 말만 허고 또 졸아

똥주머니

서울서 큰딸이 왔는디
"어머니!" 반가이 부르는 딸을 안어도 못 보고
배가 아퍼 자즈러지고 말었어

의사 선상님이 그러는디
내 창자에 구멍이 났대여
아흔셋이 넘은 내가
죽을 병이 걸린 게지

오매, 이게 뭔 일이여
수술을 했다는디
배에 주머니가 매달려 있는 거여
돈주머니가 아니고 똥주머니래여
아이고, 이런 추접스런 일이 어디 또 있대

우리 큰아들이
똥주머니를 청소허고

소독을 허고 그렸어

몇 달 있다 똥주머니를 띠어 냈는디
아따, 날아갈 것 같더라고
우리 장남도 좋아서 웃드랑게

술 취헌 날씨

고추가 이상혀
키도 덜 자란 것이
꽃부터 피어

뉴스서 그러는디
사람들이 말짓을 혀서
날씨가 오락가락헌다네

여름이 아닌디 너무 더웁고
겨울이 아닌디 너무 추워

우리 아들 막걸리 마시고
대접에 남은 술
꼭, 마당에 뿌리더니
하늘이 받어 마셨나

술 취헌 날씨
뭘로 깨워야 쓰까?

기다림

기저귀가 떨어질라고 허는디
요새 막내가 바쁜가 벼
자식을 기다리는지
기저귀를 기다리는지

어미가
기저귀를 기다리는 만큼
자식이
멀어지면 어쩐디여

요새는
자식들 표정이
살펴진당게

유산

몇 푼 안 되는
땅덩어리와 돈을
자식들헌티 쪼개 주었어

근디 이것은 이것이고
저것은 저것인가 벼
자식들이 용돈 주면
미안혀서 돈만 만지작거려져

기저귀 사 오면
저것이 쌈짓돈을
얼매나 썼디야 혀지고

며느리들이
명절에 장만허면
염치 없은게
돈 아껴 쓰라고 잔소리헌당게

전축

간호사 헌다고 서울로 올라간 큰딸
돈 벌어 동생 가르치고
남는 돈은 시골로 부쳐주던 착헌 딸

한번은
즈 아버지 좋아허는 전축을
쌀 한 짝 값 주고 사오더라고

얼매나 즈 아버지가 좋아허던디
막걸리만 마시면
'쿵짝, 쿵짝'
집이 쩌렁쩌렁혔어

골목길까지 들썩였던
"한 많은 대동강아 변함없이 잘 있느냐~"
시방도 귓전에 맴돌아

그때 유행가가
요즘 텔레비서 나오더라고

우리 영감 속으로 따러 부를랑가?

어매

가끔, 우리 어매가 꿈에 보여
바느질 잘헌다고
힘이 세다고
영리허다고
칭찬허셨던 우리 어매!

내가 운동회 때
뜀박질을 허면
덕자, 오남이, 동녀 다 이겨 먹었어

그날 저녁 이불 속에서
어매가 나를 안고 그랬어
"동녀는 좀 져주지 그랬어."

할아버지랑 단둘이 사는
동녀 밥까지 챙겨 오신
어매가 그러셨어

진달래가 필 적마다
우리 어매 보고 자퍼
진달래꽃이 붉었던
4월에 가셨거든
우리 어매 만져보고 싶어

외로움

막내가 급허다고
먹을 것만 내려놓고
씽, 허고 가버리는 거여
영감도 허퉁헌가
막내 뒤만 쳐다보드랑게

저기 텃밭 좀 보그라
군더더기 없지
화단 앞에 저 꽃은 색깔이 다르지
끝동이네 시암 가에서
얻어 온 것이여

오매, 꽃망울 좀 보그라
저것이 팍, 터지면
무슨 색깔인지 넌 모르지
분홍도 아니고 주홍도 아니고
거시기 뭔 색이여

너 국민핵교* 때 입혔던

치마 색깔허고 똑같혀

* 지금은 초등학교.

네 살 때 떠난 아가

장대비가 쏟아지면
몸이 아퍼
우리 아가 산에 묻던 날
비가 억수로 쏟아졌어
가슴이 뽀개지던
그때 그 아픔을 고대로 느낀당게

고놈아를 조금만 일찍
병원에 데려갔어도 살렸을 턴디
다섯 살도 안 된 것을 보내 버렸어
가가 살았으면 지금 몇 살이여
오매, 환갑이 넘었겠네

인제 우리 아가 만날 날
얼마 안 남었고만
'아가, 아가, 고때까지 잘 지내거라. 맛난 것도 혀주고, 이쁜 옷도 지어 주고, 그 옷 입고 핵교도 댕겨야지.'

말 걸고 싶어

도시서 살다
우리 집 옆으로 이사 온 저 집 신랑
집을 참 잘 만진당게

창틀에 노란색이 칠혀졌나 싶음
저쪽에 그림이 그려져 있고
마당에 잔돌 깔었나 싶음
꽃밭은 꽃밭대로
다 일궈 놓은 거여

뒷머리 꽁지머리를
묶은 것 보면
텔런트 같당게

부부 금슬도
참 좋아
웃음소리가

우리 집까정 들린게

근디, 나랑은
언지나 말을 걸랑가
기다려져

강아지 옷

분홍 스웨터 이쁘게 입고
담장 옆에서 어정거려도
강아지만 '왕, 왕, 왕!' 짖어대고
옆집 사람은 안 뵈어

안에 사람이 없는가?
돈 벌러 갔는가?
근디, 뭔 강아지헌티 옷을 입혔디야
"하하하!"
나 참 살다 살다
강아지 옷 입은 것 처음 보네

가만 본게
내 옷보다 더 이뻐
참말로 귀염이 줄줄 흐르네
"워리! 워리! 어여여여여!"
오매, 시계추마냥 꼬리 흔드는 것 좀 봐
자도 나만큼 외로운갑다

채송화

다정도 병이라 혔지
둘째 아들이 갖다 준 선인장에
물을 너무 주어 시들거리더라고
안타까워 자꾸 바라보는디
화분 주변에 뭔 싹이 빼곡히 올라오는 거여

아, 어느 날 본 게
줄기가 토실토실허고
봉오리가 맺히기 시작허는 거여, 깜짝 놀랬지

해가 쨍허고 떠오른 날
즈들끼리 옹알대는 것 같혀
뭐라 그러까이 귀기울이니
꽃잎 펼쳐지는 소리였는가

채송화 꽃이 활짝 피었어
얼매나 반갑던지 내가 손뼉을 쳤어

어린 애기

나중에 뭐가 될지 암도 모르듯

봄 되면

흙 속에서 뭐가 나올지

암도 모른당게

산과 삶

산을 오르다 보면
넘어지기도 허고
돌부리에 채이기도 혀
꼭대기만 쳐다보면서 걸을 때 그렸어

꼭대기가 멋지다고
안 내려올 수 있어?
부랴부랴 내려오다 보면

어느새 마을에 다다르고
해는 뉘엿뉘엿혀
노인이지

밤이 되면
산도 눕고
영감도 눕고
나도 눕고

그 때가 떠날 때여

지금이랑게

이뻐

읍내에 간 김에
미장원에 들러
머리 손질허고
영감 바나나도 샀어

막내가
내 모습을 보더니
자꾸 이쁘다고 허네
한두 번이 아니라
볼 때마다 허는 거여

"이쁜 것이 동났구먼."
허면서도
막내 간 뒤에
얼른 거울을 봤당게

찬찬히 본게

참말로 이뻐진 것도 같혀

용서

둘째 딸허고 누워
지난 애기를
도란도란 나눴어

"그때 그러지 않았어야 혔는디 그려가꼬 맘이 걸려!"
"뭘요, 그때는 그럴 수밖에 없었지요."
"아녀, 그려도 안 그렸어야 혔어."
"뭘요, 그때는 어쩔 수 없었지요."
자꾸 나를 위로혀

미안헌 것 용서받고 떠나고 싶어
그 소리를 허고 또 허고, 허고 또 혀도
"뭘요, 그때는 그럴 수밖에 없었지요."
똑같은 말만 되풀이혀

우리 자식들이
진즉, 다 용서헌 것 같혀
뭣이고 처음이라 어렵더라고

귀신여

한쪽 갈비뼈가 아프다고 헌게
막내가 놀래 자꾸 캐묻는 거여

"텃밭에서 일허셨지?"
"아니여, 뭔 소리여. 이렇게 뜨건디 어딜 나가."
"진짜셔? 뱃속이 아프셔요, 뼈가 아프셔요?"
"아니, 속은 하나도 암시랑 아녀."
"그럼 왜 그리지? 솔직히 말씀허셔! 밭에 나가셨지?"

또 캐묻는 막내
살며시 말 꺼냈지

"너 참 귀신여. 아까 마당에 나갔다가 빨간 고추가 하도 이뻐서 고추밭에 앉었어. 고개를 돌려감서 고추 쳐다보다 자빠졌어."

내가 잇몸 뵈게 웃은게
막내가 손뼉을 치네

멍

이웃집 형이 준
비닐하우스 뼈대라는디
얼매나 긴지
파도치듯 출렁거리는 거여

거실서 내다본게
아들이 땅을 다지기 시작허드라고
그러는 갑다 혔더니
나란히 나란히 뼈대가 줄을 선 거여

밥을 먹는디 가만히 본게
엄지손톱이
시커멓게 멍들었더라고
망치로 못을 때려야지
지 손은 왜 때려

쯧쯧!

늙은 부모 지키는 일이
인고의 시간일 거여

고구마전

생일날 며느리들이 왔어
우리 며느리들은 요리 선수당게
김장 김치부터 다 맛있어
우리 아들들이 큰 복이지

섭헌 것이 하나 있어
명태전 다 부치고
고구마전 부칠 때쯤 되면
시작허는 것이 있당게
신랑들 흉보는 것이여
나헌티는 참말로 소중헌 아들들인디

"형님, 어쩜 그렇게 아버님허고 똑 닮었는지 몰라요."
"그래, 말도 마, 우리 집도 그래. 똑 닮았어."

듣자듣자헌게 내 신랑 흉보네
내 참, 기막혀서

나는 어찌어찌해도
우리 신랑이 최곤디
왜 넘의 신랑 두고 난리냐고

그나저나 왜 이렇게
고구마는 안 익는 거여
뒤집고 흉보고 뒤집고 흉보고
혀도 혀도 안 익어

참다 참다
살포시 일어나
방으로 와 버린당게

부뚜막

뒷마당에 부뚜막을 만든 지
한 20년 되었나
가마솥이라 장작만 지피면
시라구랑 메주콩 삶을 때 최고로 좋아

메주콩 삶는 부뚜막 앞에 앉아 있어 봐
온몸이 노골노골험서
다 용서가 되어

얼매나 있으면
솥뚜껑 틈새로 씽씽 소리가 나
메주콩 익는 소리랑게

그 소리 맞춰
궁둥이 들고 일어나
부시래기 쓸어
부엌장에다 밀어 넣으면

푹 익은 메주콩 냄새가
옆집까지 간당게

달챙이 숟가락

찬장을 뒤지다
오래된 숟가락통에서
달챙이를 발견했어

그런게, 모르긴 몰라도
수십 년은 족히 썼을 것이여

깜밥을 얼매나 긁어 올렸는지
손잡이 끝에 걸려있던
보름달이
초승달이 되었어

달챙이 손에 쥐고
한참을 쳐다본게
솥단지 긁는 소리 우렁차고
깜밥 냄새 눈물로 피어오르는구먼

생일날

작년인가?
아들딸이
생일날은 바쁘다고
어버이날에 오겠다고 혔을 때
그러거라 혔지

정작 생일날 아침이 된 게
그것이 아니더랑게

내가 이 생일을
몇 번이나 지낼 수 있을까?

지천에 꽉 찬 생일 꽃들을
몇 번이나 볼 수 있을까
허는 생각에
얼매나 쓸쓸허든지
혼났어

쓰리고

자들은 명절날 모이기만 허면 쳐
백 원뺑인가 십 원뺑인가 잘은 몰라
방에서 영감이랑 가만히 들으면
웃음소리에 집을 들었다 났다 혀

큰딸이 쓰리고 허고
둘째 딸은 쌌대여
우리 둘째 사위는 맨날 잃어
우리 장남이 다 긁는 것 같혀
"영감, 아들이 칠백 원 땄대요. 하하."

근디, 참 이상혀
아침밥 먹을 때 들어 보면
딴사람이 없어
서로 잃었대여

도대체 잃은 돈은

누가 따 간겨
밤새도록 지켜 본
달이 따 간겨
별이 따 간겨

다 알지

새끼들은 힘들어도
부모 맘 아플까 봐
말을 못혀

근디 으쩌까
눈빛만 봐도 다 아는디
늙은 애미 곁에서
푹 자고 가는 날이 그날여

'오매, 자가 입이 딱 붙어 버렸네. 아가, 뭔지는 모르지만 잘 이겨 내야 쓴다.'
애간장이 타도 아무 말도 못혀
이불만 자꾸자꾸 덮어 줘

왜 그냐고 묻고 싶어도
숨죽여 지켜보기만 혀
내가 물으면

니가 말허다
울을 것 같혀서

파

파 씨를
가위로 야무지게 정리허고
파 뿌리가 나온 쪽을
흙에 꽂으면 끝이거든

큰아들이 불만이더라고
이 넓은 밭에
파 씨를 일일이 꽂는 일은
말이 안 된다는 것이여

훗, 내가 농사 선수인디
우리 아들이 웃긴당게
밭도랑에 궁둥이 붙이고
파를 하나씩 꾹꾹 박는디
계속 군시렁거리는 거여

일을 다 마친 아들

"아버지, 파 씨를 싹 뿌리고 흙으로 덮어도 되는 것 아닌가요?"

"아니여, 하나하나 땅에 꽂는 것이여."

아들이 나를 보더니 씩 허고 웃네

고춧대

다리에 힘이 풀려
자꾸 넘어져
봄을 지내는디
참 힘들더라고

끝내 공들여 키운
고춧대 위로 자빠져 버렸어
고춧대가 '뚝!' 끊어지더라고

일어날라고
허겁지겁 허다본게
고춧대 몇 개가 더 끊어졌어

'꽃도 피웠는디 오매, 미안혀서 어쩐디여.'

끊어진 고춧대를
얼른
땅에 꽂아 보았당게

부끄럼 타는 영감

영감은 이날이 살면서
'잘못했다!' 소리를 헐지 몰러
'미안허다!'는 말은 참말로 더 못혀
'고맙다!' 소리도 한 번도 못 들어 봤어

그저 염치없으면
금이빨 보이게
소리 없이 웃는 게 다여

꼬부랑 할망구가
기저귀 갈아 주어도
말헐지 모른당게

사람은 말로 내색을 혀야
사랑도 깊어지는 법인디

낙엽 같은 인생

장남이 서울 가면
참말로 혼이 빠진당게
온몸 수건으로 닦어주고
기저귀 갈어 끼우면
등짝서 식은땀이 나

겁나게 힘이 드는디
영감이 불쌍혀서
최선을 다혀
근디, 어쩌까
내가 수상허네

인생이 이렇게 허망허고
낙엽 같은지
슬픈 맘이 자꾸 들고
육신도 놓고 싶을 때가 많어

으스름헌 초저녁에
동네 뒷산으로 혼불 나가면
그게 나일 것 같혀
큰 일여
영감 땜시…

제3부

알 것 같으니 이별이더라고

할망구

오매
물팍 뒤 오금쟁이가
꼼짝을 못 허겄네

'오줌 마려운디 어쩐디야. 오매, 급혀 죽겄네.'

간신히 변기통에
궁둥이를 대고 앉었지
방까지 어떻게 왔는지 모르겄어

"엊저녁 꿈자리가 사납던디. 할망구, 많이 힘들어?"

영감탱이
또
할망구래

근디, 다정헌 영감 소리 들은게

묵은 눈물이
주르르 흐르네

꿈

오매
뭔 놈의 여자들이
시글시글헌 거여

날 데리러 왔나 싶어
몸부림치며 눈을 떴어

휴! 다행이여
꿈이더랑게

그때부터 오만가지 생각이 다 드는 거라
'우리 장남이 72인게 그 아래는 70, 큰딸은 장남보다 두 살 위인 게 74, 가만있어라, 증손주가 몇이여? 하나, 둘, 싯…… 아홉…'

나랑 이별혀야 허는 식구
세다 까먹다

세다 까먹다
날새 버렸어

영감 먼저 가야 쓰는디
큰일이네

오줌 쌌어

오줌 쌌어
자다가 나도 모르게
옷에다 오줌을 쌌당게
어둠 속에서
영감 얼굴 쳐다본게
부끄런 것은 이 뭐꼬

"왜 그려."
"아무 일도 아녀요."
더듬더듬 옷 갈어 입는디
영감이 내내 나를 지켜보는 것이여

'무슨 생각을 혔을까'
생각허니
가슴이 아퍼

천당

요새는 참말로
기운이 없당게
도대체 똑바로 서서
걸을 수도 없고
후들후들허다
주저앉는 때가 많어

교회도 못 가
내가 죽을라고그려
고요히 자다 죽었으면 쓰겄는디
참말로 알 수 없지

목사님이 말허는
천당은 어디에 있을꼬
살면서
알게 모르게 지은 죄도 많은디
내가 천당에 갈 수 있을까

천당에 가면
우리 오메랑 언니랑 오빠랑 만날랑가?
우리 아가랑 만날라면
꼭 천당 가야 허겄는디

나 길 떠나면

칠흑같이 어두운 밤이건만
눈망울은 또랑또랑혀

내가 가면
우리 영감
누가 똥 치운대여

밥이야 큰아들이 챙겨 주는디
기저귀는 어떻게 갈어 준대여

똥 싸고 오줌 싸면
분칠까지 다 혀야 짓무르지 않는디
누가 분칠을 혀 준디야

손톱, 발톱은
자식들이 깎어 주겠지만
누런 이를 누가 깨끗이 닦어 준대여

나 홀로 떠나는 길

하나도 겁나지 않은디

우리 영감

홀로 남겨두고 가는 것은 참말로 겁나

집이 좋아

자식들 생각허면
요양병원에 가야 허는디
집이 좋은 걸 어떡혀

언젠가
자식들헌티 미안허다고
안 먹으면 죽는다고
영감이 식음을 전폐했어

내가 밤마다 애원을 혔지
자식들 귀찮게 허지 말고
내가 다 거둘 틴게
나랑 함께 집에서 살다 함께 죽자고
그 후, 음식을 조금씩 잡수더라고

근디, 큰일이여
그 약속을 못 지킬 것 같혀

내가, 이상허당게
당초 목구멍에서
죽도 못 넘길 때가 많어

떠날 채비

얼마 전까지만 혀도
아들 일허면
내가 입으로라도
감독 혔는디

"어머니, 텃밭 궁굼허시지요?"
"텃밭? 나갈 수가 없어."

아들 얼굴이
금방 쏟아질
검은 비, 물고 있는 것 같혀

"아들, 목욕물 좀 데워 줘. 장감장감 씻어보게. 머리도 감는 날이고."

아들이 요래저래
등을 밀어주고

머리 빗질을
곱게 혀주네

추운기가 들어
후딱, 이불 속으로 들어왔는디
돌아가신 친정 식구들이
다 보이네

어머니가 수상혀

자다 말고
옷가지 다 꺼내놓고 있는디
아들이 뻥허니 바라보네

"니 어미 좀 말려라. 쓸데없는 짓을 헌다."
"어머니, 이번 주 막내 온다 하니까 막내더러 치우라 하세요."
아들 만류로
수북이 쌓인 옷
도로 쟁여 넣었어

아들 목소리가 들려

"누나, 아무래도 어머니가 수상하시네. 돌아가실 것 같어. 목욕허시더니 장봉 성리를 하시네."

'그려, 아들아. 암만 생각혀도 때가 온 것 같혀.'

아들이 코를 훌쩍이는 소리도 들려

'아들아, 애미는 살 만큼 살었은게 절대 울지 말고 가슴 아퍼 허지 말어. 네가 울면 이 애미도 울다 못 가.'

또 쌌어

아침에 일어났는디 이상혀
당초 몸이 끈적거리는 거여

오매, 똥오줌에 옷을 다 버렸어
입이 떨어지지 않아서
영감헌티 말도 못허고 속만 태웠지

우리 아들헌티 미안혀서 어쩌꺼나
낮에도 변기통에 앉기 전에 옷을 버렸는디
밤에는 아예 요강 곁에도 못 갔어
지금 내가 이승과 이별허는 중이여

자꾸 눈물이 흐르는 것은
왜 그런디여
영감도
베개 옆에 있는 수건으로
당신 얼굴을 묻네

그냥

아들이 일어나기 전에
기어서 목욕탕에 들어갔어
속옷을 주물주물 빨었어

근디, 아들이 불쑥 들어오네
"옷 좀 갈아입었고만."
무우 캐다 들킨 놈마냥
묻지도 않혔는디 얼른 말혔어
"아니 갈아입으셨으면 그냥 두시지 기운도 없으신데
웬 빨래를 허서요."
"그냥……."

한참 동안 뒷꼭지가 따끔거렸어

꼭이요, 꼭

"누나, 큰일이네. 저렇게 못 잡숴서."
아들이 겁도 많은디
송장 같은 두 늙은이 곁에서
얼매나 무서까

저녁 먹고
막걸리 한 잔 허더니
누나헌티 조랑조랑
속 있는 얘기를 허네

'하느님, 인자 포기혔어요. 영감 걱정 안 헐랑게 그냥 나라도 후딱 데려가 주셔요. 꼭이요, 나라도 없어져야 우리 아들 고생 덜 허지요. 우리 영감 뒤치다꺼리 다 허고 갈라고 약속혔는디 안 되겄어요. 다음 주에 교회 가면 절대 안 쫄링게 내 기도 꼭 들어 주시오. 우리 효자아들 불쌍혀서 어서 나라도 가야겠어요'

정

"뭐허고 먹으라고 밥상 들고 온 거여."
"……."
오매, 나 좀 봐
내가 시방 뭔 말을 헌것이여
우리 아들헌티 죄를 지었네

얼른 누워
얼굴까지 이불로 덮어 버렸어
우리 아들이
저 밥상 챙겨 올라고
아까부터 뚜덕거렸는디
아들헌티 미안혀서
발꼬락도 못 움직이겄어

정 띨라고 그렸는가……
내 가슴 다 차지허고 있는
우리 아들인디

아들아, 네가 요리혀 준
호박된장국은
소고기국보다 맛나

다리 좀 봐

막내가 왔어
허리가 긴 소라색 조끼를 사 왔어
옷 입힐라고
속옷까지 홀러덩 벗기더라고

손에 로션을 듬뿍 짜더니
온몸에 문지르기 시작허는 거여

"엄마, 왜 이렇게 야위셨어. 다리 좀 봐. 누룽지라도 자꾸 드셔야지 이게 뭐야."

같은 말 몇 번을 허더니
눈물을 목구멍으로 삼키더라고
"엄마, 병원에 가셔야겠어. 이러다 큰일나요."
"……."

지금 병원에 가면 뭐혀

쓸데없는 짓이구만
돈만 든당게

천만 원짜리 이마

첫딸이라 의지를 많이 했던
우리 딸이 왔어
자꾸 내 이마를 만지더니
"어머니 이마가 바가지 이마네요. 주름이 하나도 없어요."

옆에 막내도 보여
"막내가 하도 씨다듬었싸서…."
달싹달싹 내가 웃긴게
우리 딸들이 울다 웃다 혀

우리 막내가
요새 바가지 이마가 유행이고
천만 원짜리라고
못나빠진 어미 이마를
윤나게 만져 주었어

갈 곳

나랑 영감은
갈 데가 정혀졌어
시부모 계시는
소나무 밑으로 가
언젠가 내가 가봐서 아는디
경치가 좋아

최고로 좋은 것은
우리 딸이랑 손주들이 사는
동네가 다 보여

딱 한 가지 걸리는 것이 있당게
얼굴도 모르는 시아버지
무섭기만 혔던 시어머니
쫌, 부담스러워

사실대로 말허자면

우리 친정 오매랑
오라버니 있는 디로 가고 싶당게

헌디 안 되어
영감이 왔다가
나 없으면 어쩌겄어

제4부

느 아버지 부탁혀

영감이 애달어

내가 나를 알 것 같혀
병원에 안 간다고
버팅기니
영감이 애가 달어

"너 어서 와서 어머니 입원시켜라."
이리저리 전화허는 것 본 게
참말로 때가 된 것을
영감이 아는 것이지

또, 영감이
손을 덜덜 떨며
전화번호를 꾹꾹 누르네
"어서 와서 어머니 입원시켜."
진짜 때가 된 것을
영감이 아는 것이지

가야 혀

아무리 생각혀도
이제 가야 혀
때가 되었당게

집으로 가자고 고집을 피워
퇴원은 혔는디
말도 안 나와

한 이틀
죽을 두어 숟가락 먹었는디
인제 물만 삼키네

'엄마, 아!'
물 한 모금이라도 삼키면
잘혔다고 칭찬혀 주는 막내

주름이 자글자글헌 이마를

몇 번이고 씨다듬어 주는 막내

천만 원짜리 이마
닳아 없어지겠어

느 아버지 부탁혀

눈을 떠 보니
온 식구가 다 모였네

"느 아버지 부탁혀."

딸막거리는 어미 입에
귀를 대던 큰아들이
얼굴을 묻고 울어싸
"흑흑, 어머니, 걱정 마셔요."

인제 되었다
인제 눈감어도
원이 없고만

'야들아, 꼭 느 아버지 부탁헌다.'

눈물이 고드름 되고

눈 감고 있으니
꿈인지 생신지
머리 속에 영화같이 비추었쌌네

팔다리 부서지게 일도 허고
가슴 타도록 속상혀 부뚜막서 울기도 허고
새끼들 봄서 덩실덩실 춤도 추고

불쌍헌 사람 쌀 퍼 주고
젊고 멋스런 신랑도 비치네

근디, 아까부터 작은 숟가락이
왔다갔다혀
"먹어. 먹어야 살지. 이러면 죽어. 어서 삼켜 보라고. 흑흑!"

영감이 울어

저렇게
가슴 깊이 울 수가 없어
나도 울어

눈물이
고드름이 되어가네

영감도 울고 나도 울고

영감이 나를 끌어댕겨
내 손을 꼭 잡어

"자네 뭐든 맘먹으면 꼭 해내고 말잖여. 맘 독허게 먹고 살어 봐. 나 죽고 뒤따라오라고. 지금은 아녀. 꺼억, 꺼억!"

80여 년의
부부 연이
영감 가슴서
까맣게 타는 것 같혀

'영감, 우지 마요. 좀 먼저 가서 쉬고 있을 터이니 나중에 오셔요. 그때 오시면 논농사, 밭농사 풍년 들었다고 소식도 주고, 새끼들 다 잘 있다고 꼭 말혀 줘요.'

사랑허는
사람끼리 이별은
하늘이 쩍
갈러지는 일이여

홀로 남겨진다는 것

영감이
떨리는 손으로
마른 입 적셔 주려고
애를 써

영감이
처음으로
내 기저귀도
갈아 주었어

애쓰는
영감 본 게
안타까워

'영감, 끝까지 못 지켜 드려 미안혀요.'

홀로 가는 길도

무섭지만
홀로 남겨지는 일은
더 무서울 것이여

재미지게 살어

손주들이 모두 왔어
"할머니, 할머니, 흑흑흑!"
"할머니, 할머니."
부르며 우는 놈
속으로 우는 놈
흉측허게 마른 손 꼭 붙잡고 우는 놈

'야들아, 인생 별거 없어. 그저 재미지게 살어야 혀!
서로 챙겨가며 따뜻헌 마음으로 나누며 사는 거여!'

어린것들까지
이리 힘들어서 쓰겄는가
할미가 어서 떠나야지
'이쁜 내 새끼들, 꼭 재미지게 살어야 혀!'

폭포 같은 물 한 방울

영감이
자다가도 몇 번이고
내 배에 손을 얹어
배가 들썩이면
안도의 숨을 쉬어

자꾸자꾸 내 얼굴을 씨다듬었싸
밤이면 나더러 미안허고
고맙다고 엉엉 울어
참말로 살어생전
듣고싶은 소리였는디

'야들아, 아버지께 잘혀야 헌다. 진짜로 느 아버지 부탁헌다!'

혀가 타들어 가요
톡 떨어지는

물 한 방울이
폭포같이 아퍼요
영감, 그만 줘요

막내의 마지막 쪽잠

"엄마, 저는 어렸을 때부터 이 세상에서 가장 존경하는 사람 물으면 꼭 엄마 이름을 썼어요. 엄마, 존경해요!"
옆에 누워 있는 막내여

'그럼, 엄마도 막내 딸 사랑혀!'

살다가 최고로 힘들면
애미 곁에 와서
잠들던 막내

막내 코 고는 소리가
들리는 것 본게
며칠 밤 날을 샌 것 같혀

'막내야, 엄마 옆에서 잠자는 깃도 이것이 마지막여!'

끝 숨

내가 가요
끝 숨 두 번 쉬고
눈을 번쩍 떴어

휑헌 방
글씨 큰 달력과 벽시계
영감과 우리 새끼들
이것이 인생이었어

영감 흐느끼며
손으로 내 눈 감겨주네
새끼들 무너지는 울음 소리도
처절허게 다 들려
그려도 가야지

내가 좋아하는 황금 벼가
바람을 일으키는구먼

벼가 농익은 들 바람이여
바람이 내 영혼을 일으키네
나 이제 가요이

껍딱

들 바람에
영혼만 보냈는디
낯선 장정들이
방에 왔어

내
껍딱을
가지러
왔어

분칠

누르스름한 게 참말로 고급지다
비싼 삼베옷이네
여름에 삼베옷 입고
행랑에 앉어 부채질허고 싶었는디
몸뻬를 벗어던지고
이렇게 고급진 옷을 입으니
기분이 참말로 좋네

얼굴에 분칠도 허고
입술도 곱게 칠혔어
영감과 혼인헐 때
연지곤지 찍고
부끄러 고개를 못 들었는디
지금은 새끼들 보기가
부끄러 고개를 못 늘겄네

'야들아! 하늘나라에 가면 다 착혀서 다 이쁘디야. 어매도 이쁘게 허고 천당 갈라고. 오매, 영감이 나 못 알어보면 어쩐디여. 영감, 하늘나라에서 제일 이쁜 할매가 나요이!'

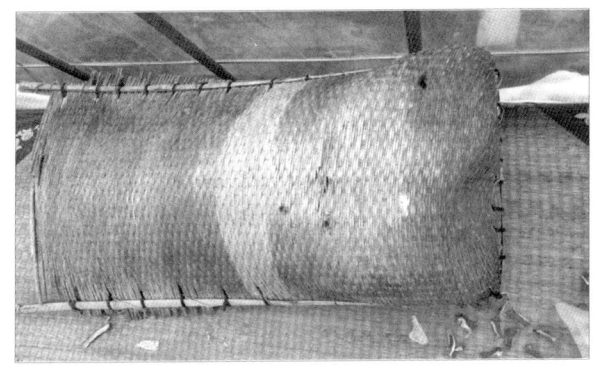

존경하는 어머니께
이 시집을 바칩니다.

이희숙 시집
느 아버지 부탁혀

초판 인쇄 2022년 12월 20일
초판 발행 2022년 12월 27일

지은이 이희숙
발행인 서정환
펴낸곳 인간과문학사
주　소 서울시 종로구 삼일대로 32길 36(운현신화타워) 305호
전　화 (063) 275-4000
팩　스 (063) 274-3131
이메일 sina321@hanmail.net
출판등록 제300-2013-10호
인쇄 · 제본 신아출판사

ISBN 979-11-6084-204-3 (03810)

값 13,000원

* 본 도서는 2022년 지역문화예술육성사업에 선정되어 보조금 일부를 지원받아
　제작되었습니다.